IGOR ET OLAFE
LES PETITS OGRES

À ma famille

Gallimard Jeunesse/Giboulées
Sous la direction de Colline Faure-Poirée

Pierrick Bisinski

On veut aller à ParkingVille

GALLIMARD JEUNESSE GIBOULÉES

Igor et Olafe arrivent dans le salon en criant :
– On veut aller à ParkingVille ! On veut aller à ParkingVille !
– On se calme, on se calme ! dit Papa. Qu'est-ce que vous voulez aller faire là-bas ?
– C'est la fête du bœuf à ParkingBurger, dit Maman, et c'est gratuit pour tout le monde.
– Hein ? Quoi ? Du bœuf ? Gratuit ? interroge Papa. OK, mes petits goinfres, vous pouvez y aller… mais à une condition : revenir avant la nuit avec un gros morceau de bœuf pour votre petit Papa chéri.

Igor et Olafe entrent dans ParkingVille en chantant :
– Miam, miam, miam ! On va se régaler… On va se régaler… À nous les bonnes brochettes ! À nous les bonnes boulettes ! Avec du bœuf et du persil !
– Hé, faites gaffe, les petits ogres, dit un vigile, je vous ai à l'œil !

PARKINGBURGER

Arrivés devant le ParkingBurger, Igor et Olafe sont impressionnés.
– Waou ! T'as vu ça, Olafe ? Un bœuf tout entier !
– Avec la tête ! On mange la tête aussi ? demande Igor.
– Ben oui ! répond Olafe, même que Maman dit que le meilleur, c'est la langue.
– La langue ? Beurk ! dit Igor, dégoûté.

Ils attendent avec impatience
leur tour, pour recevoir un steak
découpé par le boucher.

Ils sont tellement bons qu'Igor et Olafe reviennent une fois, puis deux, puis trois fois.

– Vous croyez que je n'ai pas vu
votre petit manège ? dit le vigile.
Maintenant ça suffit, les petits ogres :
vous avez assez mangé !
– Mais non, nous, on en veut encore !
rétorquent Igor et Olafe.

Sur le chemin du retour…
– Moi, j'ai encore faim ! dit Igor.
– Moi, encore plus que toi ! Et j'en ai eu beaucoup moins ! D'ailleurs je vais le dire à Papa en rentrant, dit Olafe.
– On a oublié Papa ! s'exclame Igor. On lui a promis de lui rapporter de la viande !
– Qu'est-ce qu'on va faire ? demande Igor.
– Viens, j'ai une idée… dit Olafe.

Les deux petits ogres reviennent sur leurs pas. Mais il ne reste plus que la tête du bœuf.

– Qu'est-ce que vous revenez faire ici ? demande le vigile, c'est terminé, y a plus rien à manger !

– Et la tête ? demande Olafe.

– Quoi, la tête ?
– On la veut ! dit Igor.
– Mais ça ne se mange pas, la tête ! répond le vigile.
– Mais si ça se mange, la tête, réplique Olafe.
– Je vous dis que NON, personne n'en mange JAMAIS !!! hurle le vigile, hors de lui.
– Mais alors, si personne n'en veut, vous n'avez qu'à nous la donner ! Vous n'allez pas la jeter quand même ?
Le vigile lève les poings, menaçant.

CRAC ! BOUM ! La tête du bœuf
tombe par terre.
Igor et Olafe se précipitent
et s'en emparent.

– Vas-y Igor, fais-moi une passe !
Igor et Olafe jouent avec la tête du bœuf comme avec un ballon de rugby.
Le vigile, excédé, essaye de les attraper…
La tête descend à toute vitesse…

Et… SPLOCH! La tête du bœuf
tombe sur la tête du vigile.
– Ha, ha, ha! Olé! s'esclaffent Igor et Olafe.

Le vigile avance à l'aveuglette.
Il ne voit plus rien.
– Coucou ! dit Igor.
– C'est nous ! dit Olafe.
– On est là… Et tu ne nous
attraperas pas !
– Vilains petits ogres !
Vous allez voir… grogne
le vigile, titubant.

BOUM ! Voilà le vigile qui trébuche sur un tronc d'arbre… et la tête du bœuf se retrouve dans les bras de Papa qui passait par là.

– Bravo, mes petits cornichons, dit Papa. Voilà une vraie livraison à domicile, je vous félicite. On va se régaler !

Toute la petite famille se retrouve autour de la table sur laquelle trône la tête du bœuf.
– Humm ! Quel régal, cette langue de bœuf ! dit Igor, en salivant. Je ne savais pas que c'était aussi bon.

– Maman, je te donne 18 sur 20 pour ta sauce gribiche ! dit Papa.
– Merci, Papa ! dit Maman.
– Et le vigile, on lui donne combien ? demande Igor.
– 2 sur 20 pour les cornes ! dit Papa en rigolant.
– En tout cas, mes petits chéris, pour la langue, je vous donne 20 sur 20, dit Maman.